Anne-Katrin Hagen

Stangenarbeit

Anleitungen für die ersten Sprünge

CADMOS
PFERDEBÜCHER

Inhalt

Impressum

Cadmos Verlag GmbH, Brunsbek
Gestaltung und Satz: Ravenstein, Verden
Fotos: Christina Krumm, Andreas Blasi
Titelfotos: Cristina Krumm
Zeichnungen: Esther von Hacht
Druck: Westermann Druck, Zwickau

Printed in Germany.

ISBN 3-86127-279-2

Der Reiter muss im Gleichgewicht und ausbalanciert sitzen und von der Bewegung unabhängige Zügelhilfen geben können.

Wozu ist Stangenarbeit gut?

Stangenarbeit ist für alle Pferde wichtig, ganz gleich, ob das Pferd später einmal ein Dressur-, ein Spring- oder ein Vielseitigkeitspferd werden soll. Die Arbeit über Stangen gymnastiziert das Pferd und stärkt seine Muskulatur vor allem im Rücken. Sie fördert die Losgelassenheit und verbessert den Takt. Cavalletti-Arbeit ist eine gute Vorbereitung für das Parcoursspringen. Die Arbeit über abwechslungsreiche, niedrige Sprungreihen festigt den Sitz des Reiters und fördert sein Gefühl für den Rhythmus im Galopp und in den Sprungreihen. Er lernt, Distanzen richtig einzuschätzen.

Cavalletti- und Stangenarbeit machen Spaß! Sie bringen Frische und Abwechslung in den Trainingsalltag vor allem im Winter, wenn nicht mehr so häufig ins Gelände geritten werden kann.

Welche reiterlichen Voraussetzungen braucht man?

Wer sich mit seinem Pferd sicher im Gelände bewegen kann, einen frischen Galopp nicht fürchtet und sich dabei nicht an den Zügeln festhält und auch nicht mit den Beinen klammert, wird keine Schwierigkeiten haben, über Stangen reiten zu lernen.

Beim Reiten ins Gelände lernt der Reiter am leichtesten, wie sein Pferd auf unbekannte Dinge reagiert. Ein kleiner Satz beiseite oder ein kleiner

Hopser über eine Baumwurzel dürfen ihn nicht aus dem Sattel werfen. Ein Reiter kann mit dem Springen beginnen, wenn er einen unabhängigen Sitz hat. Das heißt, dass er in der Lage sein muss, alle reiterlichen Hilfen unabhängig voneinander zu geben. Er muss im Gleichgewicht und ausbalanciert sitzen und von der Bewegung unabhängige Zügelhilfen geben können.

So sind beide vorschriftsmäßig für ein Springen ausgerüstet! Der Reiter trägt Reithelm, Sicherheitsweste, Handschuhe und Reitstiefel und das Pferd Trense mit Martingal, Springsattel und Gamaschen.

Welches Pferd ist geeignet?

Wenn der Reiter noch nie über kleine Sprünge geritten ist, sollte er ein gut ausgebildetes Pferd reiten, das willig und sicher springt. Aber auch diese Pferde müssen regelmäßig von einem erfahrenen Reiter nachgeritten werden. Auch das sicherste Pferd verliert leicht das Vertrauen, wenn es vor und nach dem Sprung keine sicheren Informationen von seinem Reiter bekommt. Wenn der lernende Reiter ihm in den Rücken plumpst oder über dem Sprung in den Zügeln hängt, wenn das Pferd sich überspringt, weil der Absprung nicht passt, oder wenn es sich schmerzhaft anstößt, kann allzu leicht aus einem zuverlässig springendem Pferd ein häufig verweigerndes Pferd werden. Dies soll aber niemanden davon abhalten, sein Pferd über kleine Sprünge zu reiten. Es muss nur klar sein, dass man mit großem Verantwortungsgefühl an diese schöne Sache herangehen muss: Man kann ein Pferd über Sprüngen viel leichter verprellen als beim dressurmäßigen Reiten. Wenn ein Pferd erst einmal „sauer" ist, ist es sehr schwer wieder zu korrigieren.

Welche Ausrüstung braucht der Reiter?

Ein gut sitzender Reithelm mit Drei- oder Vierpunkt-Befestigung ist Pflicht! Mit einem farbigen Überzug sieht er hübsch aus. Er sollte unbedingt gut angepasst sein, damit er im Falle eines Sturzes weder nach hinten rutscht und das Genick des Reiters verletzt noch nach vorne kippt und damit das Nasenbein in Gefahr bringt. Lange Ponyfransen auf der Stirn und ein dicker Zopf auf dem Hinterkopf unter den Helm gestopft – da passt auch der teuerste Helm nicht! Die langen

Haare sollten stets im Nacken zusammengebunden werden und der Pony muss ganz unter der Kappe verschwinden. Eine Sicherheitsweste, wie sie die Vielseitigkeitsreiter tragen, ist für Springanfänger sinnvoll. Beim Reiten über kleine Hindernisse sollten am besten Reitstiefel, Stiefeletten mit Jodhpurs oder Minichaps getragen werden. Die Sohlen der Stiefel oder Schuhe müssen unbedingt glatt sein und dürfen keine Verschnürungen oder Klettverschlüsse haben. Es darf sich nichts im Steigbügel verfangen können - der Fuß muss im Fall eines Sturzes sofort aus dem Bügel rutschen können. Damit sollte klar sein, das Turnschuhe völlig ungeeignet und sogar gefährlich sind!

Es ist sinnvoll, Reithandschuhe zu tragen. Viele Pferde werden auf dem Springplatz heftiger als auf dem Dressurplatz. Da die Hände dicht am Pferdehals getragen werden, scheuern die Fingerknöchel am Hals des Pferdes. Da sind Handschuhe angenehmer. Mit schmerzenden Händen kann man keine feinen Zügelhilfen geben! Je nach Charakter des Pferdes braucht man kurze Sporen und vielleicht auch eine Springklatsche. Am besten fragt man den Reitlehrer danach.

Hinweis

Es hat nichts mit Ängstlichkeit oder schlechtem Reiten zu tun, wenn man etwas für die eigene Sicherheit tut. Ein Sturz kann jedem, auch dem erfahrensten Reiter passieren!

Welche Ausrüstung braucht das Pferd?

Um korrekt im Entlastungssitz und im leichten Sitz reiten zu können, sollte man einen Vielseitigkeitssattel oder einen Springsattel benutzen. Eine besondere Zäumung braucht man nicht! Die ganz normale Wassertrense, die sonst auch benutzt wird, ist genau richtig. Ein Martingal ist nur für Pferde nötig, die dazu neigen, mit dem Kopf zu schlagen. Das Pferd sollte in jedem Fall Gamaschen oder Bandagen an den Vorderbeinen tragen. An den Hinterbeinen genügen häufig Streichkappen, um Verletzungen zu vermeiden.

Gamaschen an den Vorderbeinen und Streichkappen oder Gamaschen an den Hinterbeinen helfen Verletzungen zu vermeiden.

So sieht ein Cavalletti der gebräuchlichsten Bauart aus.

Wie sollten die Cavalletti aussehen?

Cavalletti oder Bodenricks sind im Allgemeinen Holzstangen, an deren Ende schwere Ständer oder Holzkreuze befestigt sind. Man kann diese Kreuze so drehen, dass die Stange in drei verschiedenen Höhen steht. Dreht man das Kreuz so, dass die Stange am Boden liegt, hat sie eine Höhe von 15 bis 20 Zentimeter. Die Höhe entspricht der Dicke der Stange. Wird das Kreuz halb gedreht, so ist die Stange ungefähr 30 bis 35 Zentimeter hoch. Liegt die Stange im oberen Kreuzbereich, sollte ihre Höhe 50 Zentimeter nicht überschreiten.

Diese Bodenricks der alten Bauweise bergen ein gewisses Risiko, besonders, wenn die Kreuze scharfe Kanten haben oder wenn man sie aufeinander stapelt. Es gibt heute modernere Cavalletti, bei denen die Stange lose mit dem Kreuz verbunden ist, sodass sie sich lösen kann, wenn ein Pferd dagegen tritt. Oder das Kreuz ist ein hohler Plastikwürfel, der zur Beschwerung mit Wasser gefüllt wird. Er hat Einkerbungen zur Halterung der Stangen. Diese Art der Bodenricks ist die sicherste, weil sie kaum Verletzungen verursachen, wenn einmal alles auseinander fällt. Wer keine professionellen Cavalletti zur Verfügung hat, kann sich mit wenigen Mitteln selbst welche bauen. Man braucht dazu eine Hindernisstange (sie sollte schwer genug sein) und für jedes Ende einen rechteckigen Holzklotz, der die Abmessungen eines Cavalletti-Kreuzes hat. Der genügend große und schwere Klotz bekommt eine Einkerbung für die Stange.

Ein solches Cavalletti kann man selber bauen.

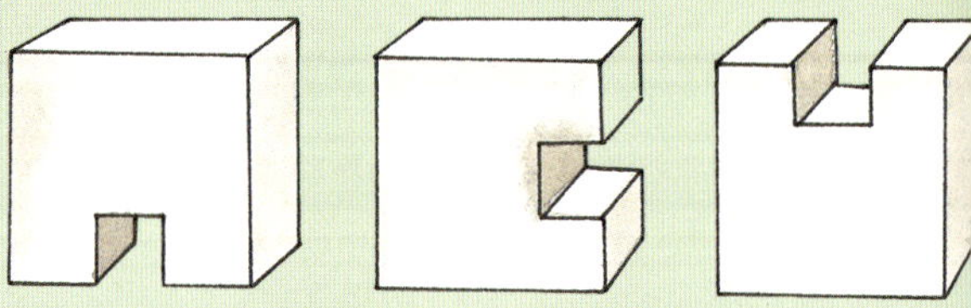

Hinweis

Lose Hindernisstangen ohne Halterung auf den Boden zu legen ist gefährlich! Sie können zu leicht davonrollen, wenn das Pferd darauf tritt. Da kann es zu gefährlichem Stolpern kommen! Fesselkopfverletzungen und Sehnenschäden können die Folge sein.

Größere Entlastung im leichten Sitz

Geringere Entlastung im Entlastungssitz

Der leichte Sitz

Man unterscheidet zwischen leichtem und Entlastungssitz, je nachdem, ob der Pferderücken mehr oder weniger entlastet werden muss. Im Entlastungssitz bleibt das Gesäß am Sattel, übt aber weniger Druck aus als im Dressursitz. Der Entlastungssitz ist für junge Pferde sinnvoll. Auch im Gelände sollte in dieser Sitzart geritten werden. Im Parcours reitet man so die Hindernisse an und bewältigt engere Wendungen.

Im leichten Sitz entlastet der Reiter den Pferderücken stärker und passt sich geschmeidig den Bewegungen des Pferdes an, die in der Regel stärker sind als beim dressurmäßigen Reiten. Der leichte Sitz wird im Vielseitigkeits- oder Springsattel geritten. Die breiteren, vorgeschobenen Sattelblätter ermöglichen kürzer geschnallte Steigbügel und die flachere Sitzfläche gibt dem Oberkörper größtmögliche Bewegungsfreiheit.

Zu Beginn werden die Steigbügel zwei bis drei Löcher kürzer geschnallt. Beim Spring- und Geländereiten werden die Bügelriemen vier bis fünf Löcher kürzer geschnallt als im Dressursitz. Je nach der Größe des Reiters und der Länge seiner Beine variiert die Bügellochzahl etwas. Durch die kürzeren Bügel ist das Knie stärker gewinkelt (deswegen hat ein Springsattel die breiten, vorgeschobenen Pauschen) und das Gesäß kann weniger oder mehr aus dem Sattel hoch kommen. Der Reiter kann sich im leichten Sitz besonders gut den

Bewegungen des Pferdes anpassen. Wenn der Schwerpunkt des Pferdes sich verändert beim Springen oder beim Bergauf- und Bergabreiten oder bei höherem Galopptempo im Parcours, kann der Reiter sich leicht ausbalancieren und mal mehr und mal weniger entlasten. Diese Übergänge sind fließend. Er sollte sich im Gleichgewicht über seinem eigenen Schwerpunkt befinden, in diesem Fall dem Fundament, ganz gleich, in welcher Weise sich das Pferd gerade bewegt. Zudem muss er in der Lage sein, sich ständig der Bewegung und dem sich laufend verändernden Schwerpunkt des Pferdes anzupassen. Das ist alles gar nicht so einfach! Am besten probiert man auf dem Boden ohne Pferd einmal aus, wie die Balance zu halten ist, auch wenn man sich hin und her bewegt. Dass der leichte Sitz im Trab und im Galopp gut geübt werden muss, versteht sich dann von selbst. Leider ist das heute in vielen Springstunden nicht üblich.

Diese Haltung nimmt man beim leichten Sitz im Sattel ein.

Hinweis

Bügeltritt, Wade und Knie bilden das Fundament des Reiters im leichten Sitz. Auf ein Fundament kann man etwas aufbauen, nämlich den ausbalancierten Sitz des Reiters.

Wie sieht der leichte Sitz aus?

Der Fuß wird bis zur breitesten Stelle des Ballens durch den Bügel gesteckt. Der Absatz ist auch im Springsattel der tiefste Punkt des Reiters. Er darf nicht verkrampft fest gehalten werden, sondern muss ständig mitfedern. Der nach unten federnde Absatz bekommt genügend Druck, sodass er ein Zurückrutschen des Unterschenkels verhindert. Die Wade liegt flach am Pferd und das Knie ist wegen der kürzeren Bügel stärker gewinkelt. Die Knie sind fest an den Sattel gelegt, aber nicht gepresst, weil sonst die Wade ihren einfühlsamen Kontakt zum Pferd verliert. Die fest am Pferd liegenden Knie (der Knieschluss) sind der Angelpunkt des Reiters im leichten Sitz.

Hinweis

Geht der Knieschluss verloren, wird es für den Reiter gefährlich!

Auch wenn im höheren Tempo das Gesäß hoch aus dem Sattel kommt, darf man sich nicht verkrampfen und einen Buckel machen! Der Reiter bleibt im Gleichgewicht! Schulter, Knie und Bügeltritt bilden eine senkrechte Linie.

Hinweis

Wie beim Dressurreiten sind auch im leichten Sitz ein steifer, unruhiger Oberkörper mit verkrampften Schultern, ein krummer Buckel oder ein Hohlkreuz fehlerhaft und stören das Pferd!

Der Reiter passt seinen Sitz der Flugkurve entsprechend an.

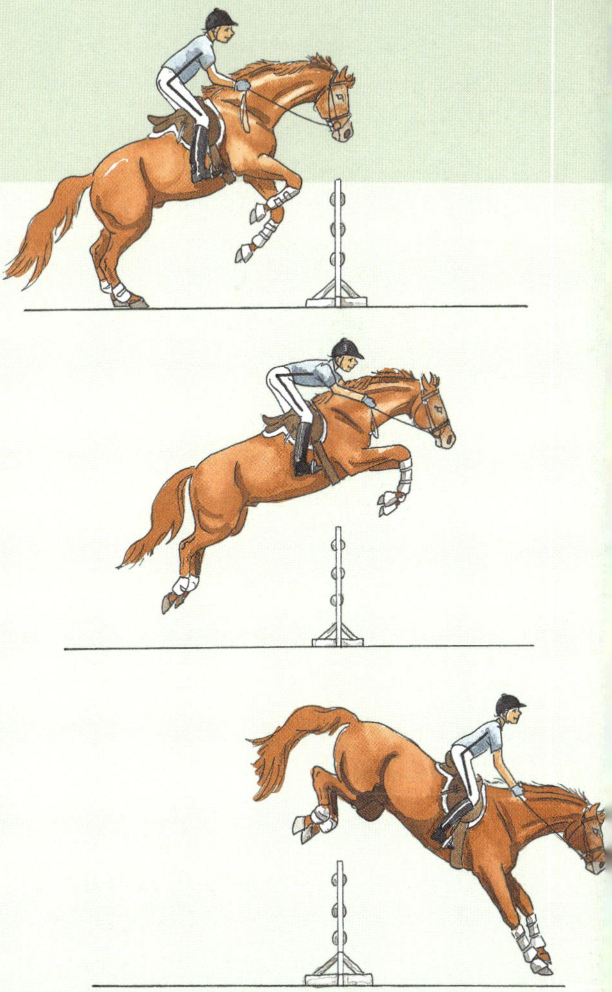

Die Unterschenkel (nicht die Sporen!) übernehmen im leichten Sitz vermehrt die treibende Hilfe, da das Kreuz des Reiters den Pferderücken entlastet. Rutscht der Unterschenkel zurück oder pendelt er im Rhythmus des Galopps hin und her, verliert der Reiter die Balance und stört das Pferd erheblich. Der Oberkörper wird aus der Hüfte heraus je nach Entlastung mehr oder weniger nach vorne gebeugt. Das Gesäß bleibt bei geringerer Entlastung im Sattel, übt aber wenig oder keinen Druck aus. Bei höherem Tempo und beim Springen kommt das Gesäß zehn bis zwanzig Zentimeter aus dem Sattel. Aber immer bleibt der Reiter im Gleichgewicht über seinem eigenen Schwerpunkt, das heißt, über Bügeltritt und Knie, dem Fundament. Die Mittelpositur bleibt elastisch und die Wirbelsäule in natürlicher Haltung.

Der Kopf des Reiters wird ganz natürlich frei getragen und der Blick ist zwischen den Pferdeohren hindurch nach vorn gerichtet. Aus den entspannten, ein wenig zurückgenommenen Schultern werden die Arme vor den Körper genommen und die Hände sind tief am Pferdehals. Die Zügel werden also kürzer gefasst. Unterarme und Zügel bilden eine Gerade. Im leichten Sitz bilden Schulter, Knie und Bügeltritt eine senkrechte Linie. Der Kopf ist vor der Senkrechten, während die zurückgenommene Hüfte bei größerer Entlastung in hohem Tempo wie eine Art Schwungrad wirkt und zusammen mit den Unterschenkeln die Triebkraft entwickelt.

Der leichte Sitz auf flacher Strecke geritten gleicht im Prinzip dem Sitz über dem Sprung. Weil der Reiter seinen Schwerpunkt dem des Pferdes anpassen muss, der sich stark verlagert, wenn das Pferd abspringt, über das Hindernis fliegt und landet, muss der Reiter seinen Sitz der Flugkurve entsprechend verändern. Das klingt sehr kompliziert, ist es aber eigentlich nicht. Die meisten Reiter bewegen sich ganz natürlich auf die richtige Weise. Es ist nur gut, wenn man sich einmal klar macht, wie es aussehen muss und wo eventuell Fehler gemacht werden.

Fehlerhaft wird der Sitz, wenn die Bügel zu lang sind, sodass der Unterschenkel zu weit nach hinten rutscht, der Absatz hochgezogen wird, der Oberkörper zu weit nach vorn kippt und dadurch das Gesäß zu hoch aus dem Sattel kommt. Meist geht dann auch noch die Verbindung zum Pferdemaul verloren. Dann ist der Reiter vor der Bewegung! Hinter der Bewegung ist der Reiter, wenn der Oberkörper zu weit zurück bleibt, der Unterschenkel vorgestreckt wird und die Hand rückwärts einwirkt. In beiden Fällen ist ein rhythmisches Anreiten eines Sprunges nicht möglich! Abgespreizte

Der Reiter ist vor der Bewegung.

Der Reiter ist hinter der Bewegung.

Das sieht unschön aus!

Der Reiter entlastet den Pferderücken nicht und stört das Pferd mit unruhigen Schenkeln und Händen. Das arme Pferd

So soll es nicht sein: Die Reiterin ist hinter der Bewegung und hält sich an den Zügeln fest. Folglich springt das Pferd mit festgehaltenem Rücken.

Ellenbogen, seitliches Vorneigen des Oberkörpers am Pferdehals vorbei (wie um nachzuschauen, ob das Pferd auch tatsächlich über das Hindernis springt), ein nicht entlastender, zu tiefer Sitz, unruhige Unterschenkel und Hände sind nicht nur unschön anzuschauen, sie stören das Pferd erheblich, sodass es seine Balance verliert, ohne Rücken springt und - nicht verwunderlich - zum Verweigerer wird.

Hilfengebung im leichten Sitz

Die Hilfengebung im leichten Sitz ist im Prinzip dieselbe wie im Dressursitz. Die Gewichtshilfen werden mehr über das Knie, die flache Wade und den Bügeltritt gegeben, da das Gesäß den Pferderücken entlastet. Das heißt, dass die Gesäßknochen kaum oder gar keinen Druck im Sattel verursachen. Wenn einseitig belastende Hilfen gegeben werden sollen, muss der entsprechende Bügel gut ausgetreten werden.

Bei beidseitigen Gewichtshilfen (halbe Paraden) sollen beide Fußgelenke nach unten durchfedern und die Waden fester ans Pferd kommen. Der Oberkörper wird mehr aufgerichtet. Die Zügelhilfen unterscheiden sich von denen im Dressursitz nur dadurch, dass in den Wendungen im Parcours ganz eindeutig der äußere Zügel vorherrschen muss. Im Stilspringen ist das ein Kriterium, auf welches die Richter ganz besonders achten!

Die Hilfengebung im leichten Sitz in einer Wendung

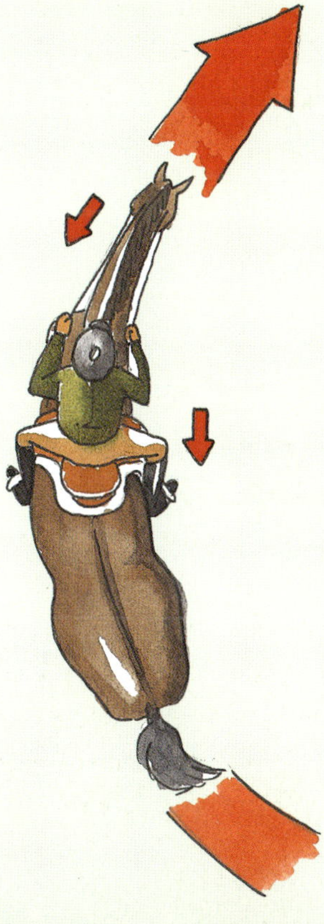

Der Sitz über dem Sprung

Beim Springreiten muss der Reiter besonders gut im Gleichgewicht sitzen. Er muss in den verschiedenen Phasen der Entlastung des Pferderückens vor, über und hinter dem Hindernis mit der Bewegung mitgehen können. Beim Anreiten wird das Hindernis aus einem gleichmäßigen, nicht zu langsamen Grundtempo heraus im Entlastungssitz genau in der Mitte angesteuert. Der Reiter muss den Sprung ansehen!

In der Absprungphase geht der Reiter geschmeidig mit der Bewegung mit. Die Hände gehen in Richtung Pferdemaul vor, sodass das Pferd die größtmögliche Freiheit hat, den Hals als Steuerstange zu benutzen. Die Verbindung zum Pferdemaul darf aber nicht aufgegeben werden! Das Gesäß ist über dem Sattel, der Oberkörper wird stärker vorgeneigt. Der Pferderücken ist völlig entlastet und kann sich entsprechend der Sprunghöhe hochwölben. Knie und Unterschenkel bleiben unverändert am Platz!

In der Landephase wird der Oberkörper wieder zurückgenommen, der Winkel der Hüfte wird wieder größer. Auch hier behalten die Unterschenkel unverändert ihre Lage bei. Die Hände bleiben ruhig rechts und links am Pferdehals liegen. Erst beim Weiterreiten kommt es zu aufnehmenden Hilfen, indem die Unterschenkel mehr an das Pferd gelegt werden und der Oberkörper aufgerichtet wird. Der Reiter gibt also eine oder, wenn nötig, mehrere halbe Paraden. Währenddessen schaut er bereits das nächste Hindernis an.

Beim Absprung wird der Oberkörper vorgeneigt ...

... und in der Landephase wieder zurückgenommen.

Hier ist das Pferd zu dicht an das Hindernis herangekommen. Es braucht den Hals als Steuerstange, um den Sprung ohne Fehler zu überwinden!

Die ersten Übungen über Stangen

Nachdem der leichte Sitz im Trab und im Galopp so weit geübt wurde, dass eine gewisse Sicherheit erlangt worden ist, kann man beginnen, drei bis vier Stangen in gerader Linie auf den Boden zu legen. Das gilt für Schritt und Trab gleichermaßen.

> **Hinweis**
>
> *Es sollten nie mehr als fünf Ricks in einer Reihe sein!*

An Stelle von einzelnen Hindernisstangen empfiehlt es sich, tief gelegte Cavalletti zu benutzen. Man legt die Stangen im Abstand von 80 Zentimetern gerade ausgerichtet an der langen Seite des Reitplatzes aus. Es muss genügend Raum davor und dahinter sein, um die Reihe gerade anreiten und in gerader Linie weiterreiten zu können. Es wäre schön, wenn man die Mitte der Stangen mit einem breiten Klebeband markieren könnte. Das erzieht den Reiter von Anfang an dazu, die Mitte der Stangen anzustreben.

Im freien Schritt werden die Cavalletti überwunden. Dabei bleibt der Reiter ruhig sitzen und konzentriert sich auf seinen Sitz, der jetzt noch nicht entlastend ist: Wie weit muss ich mit der Hand vorgehen, damit das Pferd sich nach vorwärts-abwärts strecken kann? Liegen meine Schenkel ruhig am Pferd und umschließen sie das Pferd genügend, um ein Schiefgehen zu verhindern? Wie viel Druck muss oder darf ich machen, damit das Pferd gleichmäßig weitergeht und weder eiliger noch stockend wird?

Wenn alles zur allgemeinen Zufriedenheit ausfällt, werden die Cavalletti auf das Trabmaß auseinander gezogen. Die Trababmessung beträgt 1,20 bis 1,50 Meter. Der Abstand variiert je nach Trittlänge des einzelnen Pferdes. Um diesen Abstand schnell abmessen zu können (man hat ja nicht immer ein Maßband zur Hand), empfiehlt es sich, einmal auszumessen, wie lang die eigene Reitstiefelsohle ist. Dann weiß man, wie viele Fußlängen erforderlich sind, um den genauen Abstand abzumessen. Zwei Stangen, die im 90-Grad-Winkel zum ersten Cavalletti wie Fänge rechts und links auf den Boden gelegt werden, garantieren ein gerades Anreiten der Reihe und verhindern, dass das Pferd im letzten Moment vor den Ricks ausbricht. Im Laufe der Übung werden diese Stangen immer enger zusammengezogen, bis nur noch eine schmale Gasse von 1,50 Meter übrig bleibt. Da muss man schon genau hinreiten! Später geht es dann ohne „Zielkorridor".

Zwei auf den Boden gelegte Stangen erleichtern Reiter und Pferd, das Cavalletti gerade anzureiten

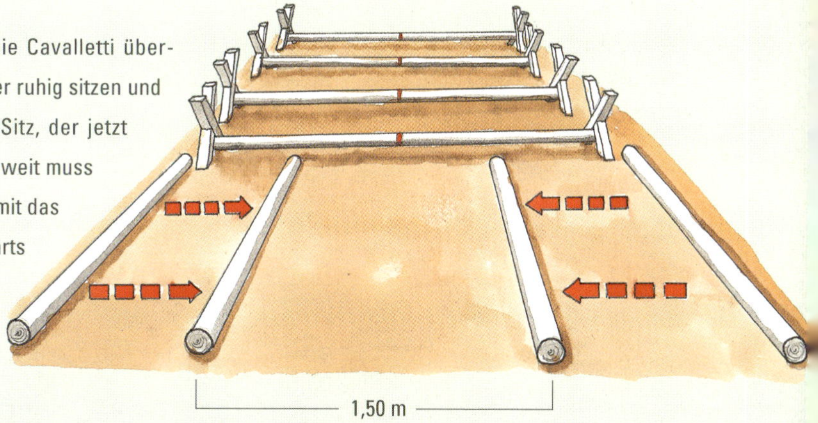

Anfangs darf der Reiter in die Mähne greifen, um das Pferd nicht im Maul zu stören.

Die Zügel werden sicher verknotet und der Reiter verschränkt die Arme vor der Brust.

Als erste Übung wird die Cavalletti-Reihe im leichten Trab angeritten. Der Reiter neigt sich kurz vor der ersten Stange etwas im Oberkörper nach vorne und greift mit der einen Hand in die Mähne. Beim nächsten Mal schiebt er eine Hand in Richtung Pferdemaul vor und bald darauf beide Hände, bis er sich völlig sicher fühlt. Diese Übung hat nur den Zweck, dem Reiter die Befangenheit zu nehmen und das Vertrauen zu stärken.

Die zweite Übung soll den Knieschluss stärken. Jetzt wird nicht mehr leicht getrabt, sondern im leichten Sitz gesessen. Das Gesäß berührt nicht mehr den Sattel, der Reiter steht in den Bügeln. Er fasst zunächst wieder in die Mähne, bis er gelernt hat, sich mit fest angelegten Knien und Unterschenkeln unabhängig von der Bewegung des Pferdes im Gleichgewicht zu halten. Allmählich werden die Hände von der Mähne gelöst und den Hals entlang in Richtung Pferdemaul geschoben. Die innere Hand darf leicht den Pferdehals berühren. Hat der Reiter gelernt, sich im Bügel stehend auszubalancieren und geschmeidig den Bewegungen des Pferdes anzupassen, kommt die schwierigste Übung. Jetzt werden die Zügel verknotet und die Ricks im Trab mit vor der Brust gekreuzten Armen überwunden. Wer das gut kann, hat ein wichtiges Ziel erreicht: Der Reiter bewegt sich vollkommen im Gleichgewicht und hat dadurch eine völlig unabhängige Hand! Das heißt, dass der Reiter in der Lage ist, die Hand ruhig zu halten, auch wenn sich der Körper im Auf und Ab des Leichttrabens bewegt. Er kann dem Pferd die nötige Halsfreiheit über dem Sprung und feinfühlige Paraden vor und nach dem Sprung geben. Kurz: Der Reiter sitzt im Gleichgewicht, ohne sich an den Zügeln festzuhalten, gleichgültig, welche Bewegung sein Pferd gerade ausführt. Er beherrscht den leichten Sitz!

Aussitzen über Cavalletti ist nur etwas für geübte Reiter!

Eine weitere Übung gibt dem Reiter ein Gefühl für den schwingenden Pferderücken. Es ist das Aussitzen im Trab über Cavalletti. Das sollten aber nur Reiter tun, die bereits einen geschmeidigen, unabhängigen Sitz haben! Dabei kann man lernen, wie sich ein schwingender Pferderücken anfühlt und wie der Reiter sich ebenfalls schwingend der Bewegung anpassen muss. Er wird herausfinden, dass, wenn er sich verkrampft, auch das Pferd nicht mehr locker gehen kann! Die Gefahr ist dann groß, dass das Pferd Schaden nimmt. Als Nächstes wird die Cavalletti-Reihe aufgelockert. Man nimmt eine Stange aus der Reihe heraus und setzt sie wieder im Abstand von 1,20 bis 1,50 Meter an das Ende der Reihe. Nun hat die Reihe eine Lücke, in der ein Zwischentritt erfolgen muss. Dieser Tritt ohne Stange muss genauso taktmäßig und schwungvoll getreten werden wie die Tritte über die Stangen. Das Pferd muss also lernen genau hinzusehen, und der Reiter übt dabei, sein Pferd gut zu unterstützen und zu gleichmäßigem Weitertreten zu veranlassen.

Der Zwischentritt erfordert Aufmerksamkeit von Reiter und Pferd! (Reitrichtung von rechts nach links)

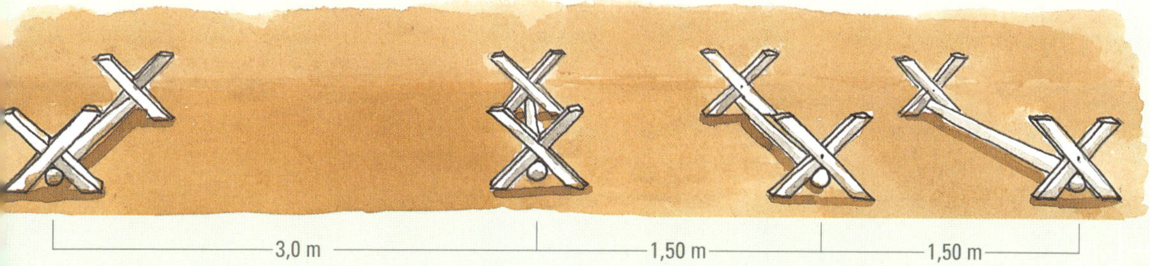

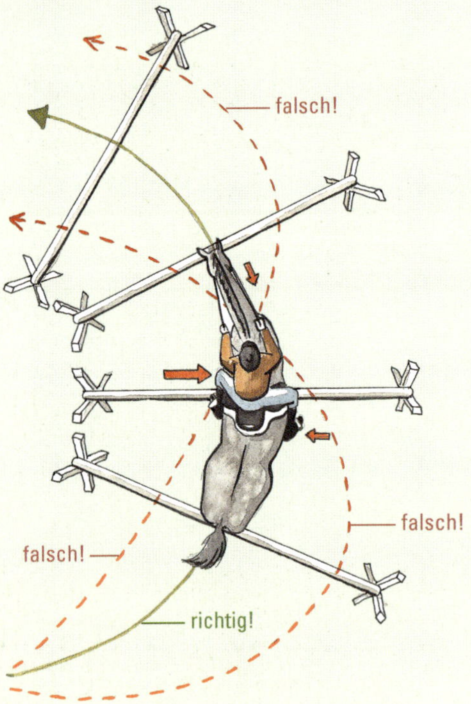

Hier müssen die Hilfen sehr exakt gegeben werden! Das ist schon eine anspruchsvollere Übung.

Cavallettiarbeit auf gebogener Linie

Wenn ein Pferd über Cavalletti „ins Laufen" kommt, das heißt, es eiliger wird oder gar über die Stangen stürmt, empfiehlt es sich, die Stangen auf eine gebogene Linie zu stellen, zum Beispiel auf einen Zirkel. Der Zirkel wird genauso geritten wie beim dressurmäßigen Reiten. Das Pferd wird der Zirkellinie gemäß gestellt und gebogen. Der innere Schenkel treibt vermehrt, während der äußere verwahrt. Der äußere Zügel herrscht vor. In dieser Stellung wird die Sprungreihe genauso geritten wie eine gerade Reihe. Diese Übung schult die Balance von Pferd und Reiter. Natürlich kann man auch hier eine Reihe mit Zwischentritt aufbauen.

Damit nicht immer gleichförmig dieselbe Kombination in derselben Gangart geritten wird, ist es viel interessanter, Reihen in Schrittabmessungen mit solchen in Trababmessungen abwechseln zu lassen. So kann man eine Schrittreihe auf eine Zirkellinie bauen und eine Trabreihe auf die andere Zirkellinie. Oder man kombiniert Zirkellinien mit geraden Linien, die dann mal im Trab und mal im Schritt geritten werden können. Der Fantasie sind da wenig Grenzen gesetzt. Man sollte aber immer darauf achten, dass neben den Stangenaufbauten in der Halle oder auf dem Reitplatz noch genügend Raum bleibt für möglichst viele andere Hufschlagfiguren. Man möchte schließlich andere Reiter und Stangengegner nicht verärgern.

Erste Variationen der Cavalletti-Reihe

Möchte man eine Trabreihe verändern, sollte man immer zuerst das letzte Cavalletti der Reihe anders stellen. Ein Zwischentritt erfolgt also immer vor dem letzten Cavalletti. Soll eine Stange erhöht, das Caval-

Durch häufig veränderte Reihen erhält man die Aufmerksamkeit von Pferd und Reiter.

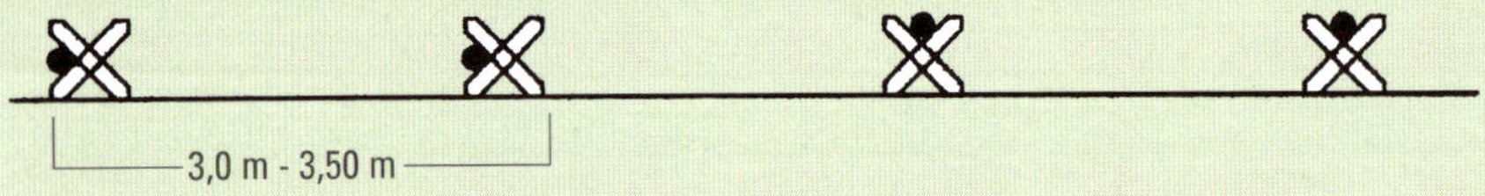

letti also einmal gedreht werden, so ist es am Anfang immer das hinterste. Später dann das vorletzte und so weiter, bis alle Cavalletti erhöht sind. Die Höhe sollte man im Schritt nur wenig verändern, damit der Takt erhalten bleibt.

Durch unterschiedlich hoch gestellte Stangen (zum Beispiel tief, tief, hoch, hoch oder tief, hoch, hoch, tief) fördert man die Aufmerksamkeit vom Reiter und Pferd. Solche Übungen sollten aber nur mit reiferen Pferden geritten werden, da die Beanspruchung durch hoch gestellte Cavalletti für junge Pferde zu hoch wäre.

Das Pferd geht schwungvoll vorwärts und ...

Galopparbeit

Die Galopparbeit ist das A und O für das Reiten über kleinere und größere Hindernisse! Der Reiter muss lernen, sein Pferd im leichten Sitz sicher an den Hilfen zu haben. Er muss in der Lage sein, die Galoppsprünge nach Belieben länger oder kürzer zu machen. Am besten übt man das, indem man sich an der langen Seite der Reitbahn (oder besser noch im Freien) vornimmt, eine ganz bestimmte Anzahl von Sprüngen zuzulegen und danach wieder abzufangen. Man stellt sich vor, dass an einer ganz bestimmten Stelle ein Sprung steht. Nun stellt man sich die Aufgabe, diese Stelle mit drei oder vier Galoppsprüngen zu erreichen.

... lässt sich mühelos wieder versammeln

Das Pferd steht auch im flotten Galopp im Freien sicher an den Hilfen.

Wenn es keine Mühe mehr macht, das Pferd mit einer Rahmenerweiterung (die Pferdenase kommt mehr vor die Senkrechte) ganz selbstverständlich in weiten Galoppsprüngen punktgenau an die angestrebte Stelle zu reiten und es gleich danach wieder zusammen zu schieben, sodass es beinahe versammelt geht, kann man darangehen, dieselbe Übung über Stangen zu reiten.

Cavalletti-Arbeit im Galopp

Das Ziel ist, dass das Pferd ruhig und taktmäßig über die Stangen galoppiert. Deshalb beginnt man für junge Pferde und lernende Reiter mit einer Bodenstange. Überwindet das Pferd diese Stange in aller Ruhe mit einem kaum vergrößerten Galoppsprung, wird als Steigerung eine zweite Stange in einem Abstand von 6,00 bis 6,50 Metern dazu gelegt.

In In-and-out-Kombinationen wechselt das Pferd das vordere gegen das hintere Beinpaar.

Das Pferd überwindet jetzt mit einem Galoppsprung die erste Stange, macht einen Sprung ohne eine Stange, um mit dem dritten Galoppsprung die zweite Stange zu überwinden. Gelingt das flüssig und ohne Unruhe, kann die Anforderung erhöht werden. Jetzt werden drei Stangen im Abstand von 3,00 bis 3,50 Metern auf den Boden gelegt. Ein Galoppsprung misst etwa 3,00 bis 3,50 Meter. Das Pferd muss jetzt also mit jedem Galoppsprung eine Stange überspringen. Es wechselt das vordere und hintere Beinpaar in der Mitte zwischen den Stangen. Man nennt solche Distanzen In-and-out-Sprünge. Solche Gymnastikreihen zu springen schult das Rhythmusgefühl des Reiters und hat für das Pferd einen hohen gymnastischen Wert. Es macht sehr viel Spaß, eine Reihe von In-and-Outs zu reiten! Aber die Reihe sollte nicht länger sein als höchstens fünf Stangen hintereinander. Als Steigerung können aber mehrere Gruppen von kleinen (!) In-and-out-Sprüngen mit einem oder mehreren Galoppsprüngen dazwischen absolviert werden. Das Pferd kommt ganz von selbst über den Sprüngen in den Galopp. Da dieses eine für das Pferd recht anstrengende Übung ist, sollte man sie nur über kurze Zeit und nicht allzu häufig anwenden. Indem man die Cavalletti verschieden hoch stellt (immer das letzte als Erstes verändern!), kann man nun die Galoppreihe verändern. Auch hier erhöhen Zwischensprünge ohne Stange die Aufmerksamkeit von Pferd und Reiter. Gerade gestellte Reihen, die mit Reihen auf der Zirkellinie abwechseln, schulen den Reiter. Er ist gezwungen, saubere Hilfen im leichten Sitz zu geben. Erstes Gebot bleibt immer, dass alle diese Übungen in großer Ruhe und im flüssigen, rhythmischen Galopp absolviert werden. Wird das Pferd hektisch und fühlt sich der Reiter überfordert, sind die Ansprüche zurückzuschrauben!

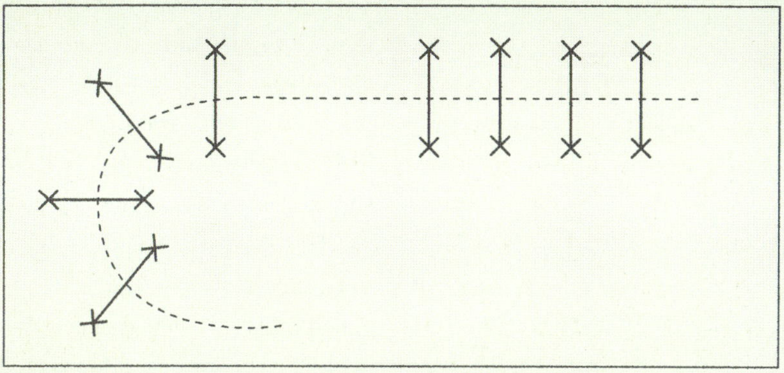

Eintönige Arbeit stumpft ab! Man muss sich etwas einfallen lassen! Dies ist nur ein Beispiel, das sich beliebig verändern lässt!

Hinweis

In-and-out-Reihen werden grundsätzlich im Trab angeritten!

Übergang zum Springen

Jetzt sollten weder Pferd noch Reiter Probleme haben, taktmäßig, flüssig und in geregeltem Tempo über Cavalletti zu gehen, auch wenn die Reihe ein wenig verändert wird. Der Reiter hat ein Gefühl dafür bekommen, was er seinem Pferd zumuten kann. Er spürt, wann er nach einer erfolgreichen Arbeit aufhören muss, bevor sein Pferd ermüdet und die Lust verliert. Das Pferd steht sicher an den Hilfen und trabt und galoppiert taktmäßig und flüssig.

Bevor nun die erste Stange in Ständer gehängt wird, soll noch einmal ein Überblick über die Abmessungen der Abstände in einer Cavallettireihe gegeben werden:

Schritt: zirka 0,80 Meter,
für den Zwischenschritt 1,50 Meter

Trab: 1,20 bis 1,40 Meter,
für den Zwischentritt 2,50 Meter

Galopp: 3,00 bis 3,50 Meter,
für den Zwischensprung
3,00 bis 3,50 Meter

Die Höhe in einer Cavalletti-Reihe beträgt für eine Bodenstange (später Taktstange) 15 bis 20 Zentimeter, für ein Cavalletti auf halber Höhe 30 bis 35 Zentimeter und ganz hoch gestellt 50 Zentimeter.

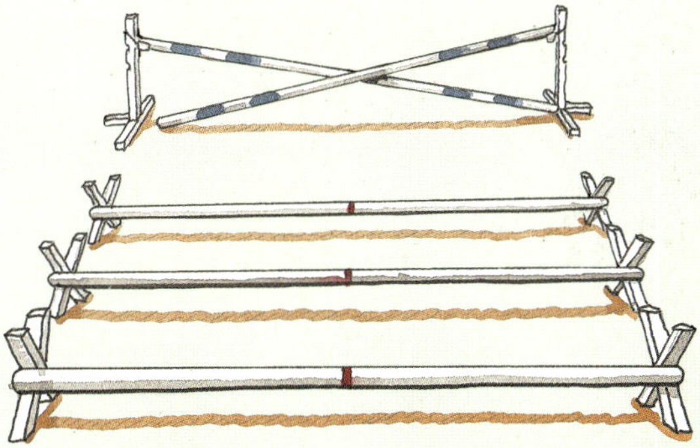

Der erste kleine Sprung sollte ein Kreuz sein.

Am gescheitesten beginnt man mit einer Trabreihe von drei Bodenricks im Abstand von 1,30 Meter. Nach 2,50 Metern werden zwei Stangen zu einem Kreuz in zwei Ständer gehängt, dessen Mitte etwa 60 bis 70 Zentimeter hoch ist.

Hinweis

Ganz wichtig ist, dass der Reiter ruhig geradeaus weiter reitet.

Ein Kreuz ist sinnvoll, weil Pferd und Reiter ganz sicher die Mitte des Hindernisses anstreben. Das Pferd trabt wie gewohnt über die Cavalletti und springt in der Mitte zwischen dem letzten Rick und dem kleinen Sprung ab. Es landet im Galopp.

Wenn das gelassen gelingt, kann im Abstand von 3,00 bis 3,50 Metern ein zweiter kleiner Sprung angefügt werden. Aus dem Trab heraus überwindet das Pferd die kleinen Sprünge als In-and-Out. Auch jetzt ruhig geradeaus galoppieren! Gelingt es nicht, das Pferd nach der Reihe ruhig zu halten, ist es ratsam, das Pferd auf der geraden Linie nach ein bis zwei Galoppsprüngen in den Trab und anschließend in den Schritt zu parieren. Das wird so lange praktiziert, bis das Pferd gelernt hat, dass nach einer Reihe Ruhe einzukehren hat. Das Pferd muss auf die Informationen des Reiters warten! Die kleine Reihe aus drei Trabricks mit anschließenden In-and-Outs kann nun ganz verschieden gestaltet werden. Eine Möglichkeit wäre, nach den Trabstangen drei kleine In-and-Outs mit nachfolgendem Zwischensprung und ein kleines Kreuz folgen zu lassen. Oder die In-and-Outs werden auseinander gezogen (6,00 bis 6,50 Meter für einen Galoppsprung). Ein Bodenrick kann mit einem kleinen Sprung abwechseln (tief - hoch - tief - hoch). Außer den Kreuzen werden kleine Steilsprünge (zwei Stangen übereinander) in die Reihe gestellt. Das letzte Hindernis kann dann auch schon ein kleiner Oxer sein, vor den allerdings ein Galoppsprung eingeschaltet werden müsste.

So könnte die erste kleine Gymnastikreihe aussehen.

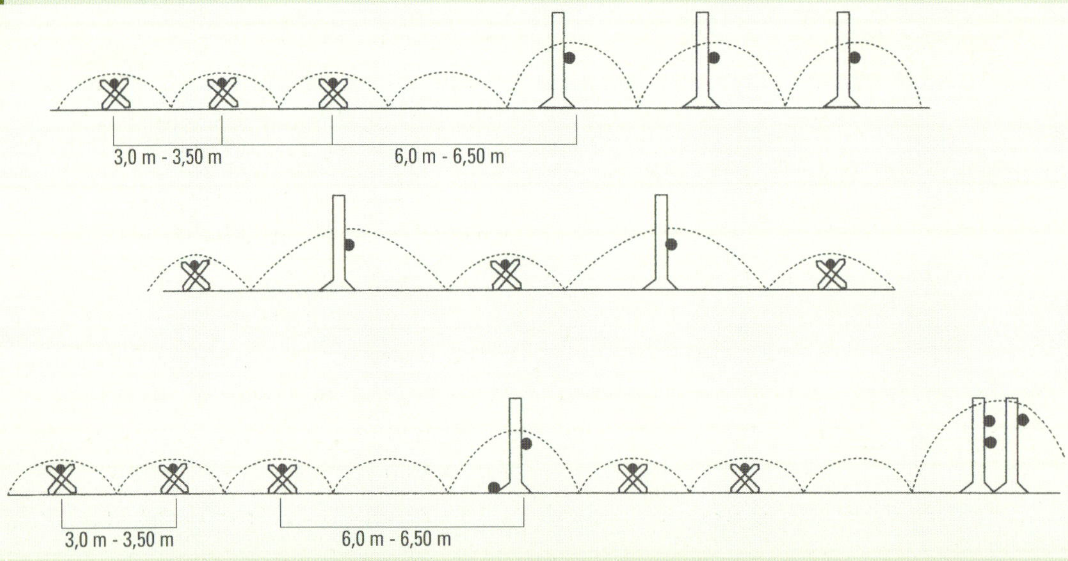

Solche Hindernisse sind für Reiter und Pferd schwer zu taxieren.

Eine Taktstange macht es leichter, den richtigen Absprung zu finden.

Die Anforderungen sollten langsam gesteigert werden! Vielleicht von Woche zu Woche. In jeder Trainingsstunde sollte immer leicht angefangen werden.

Hinweis

Eine Steigerung immer erst fordern, wenn das Vorherige ohne Aufregung gut gelungen ist!

Es ist ratsam, bei steigenden Anforderungen in Höhe und Abständen zunächst das Hindernismaterial unverändert zu lassen. Erst wenn alles ganz selbstverständlich klappt, können kleine Kanister unter einen Sprung, der immer noch die gleiche Höhe hat, gestellt werden. Oder man wechselt naturfarbene mit bunten Stangen ab. In dieser Phase der Ausbildung ist es gut, auch ganz kleine Hindernisse mit einer kompakten Grundlinie zu bauen. Wenn eine Stange 60 bis 80 Zentimeter hoch gehängt werden soll, muss entweder eine Stange auf den Boden gelegt oder es müssen besser zwei Stangen übereinander und zusätzlich eine auf den Boden direkt vor den Ständerfuß gelegt werden. Die Pferde können Hindernisse, die eine Grundlinie haben (die „dicht" gebaut sind), besser sehen und taxieren. Einzelne Stangen, ziemlich hoch gehängt und ohne Grundlinie (so genannte luftige Hindernisse) stellen einen erheblichen Schwierigkeitsgrad dar. Mit so lieblos hingehängten Stangen kann man junge und unerfahrene Pferde und Reiter verprellen! Sie taxieren falsch, springen gegen die Stange, bekommen sie womöglich zwischen die Beine - und schon gibt es einen Unfall. Die Mühe lohnt sich auf jeden Fall, ein paar Stangen mehr heran- und wieder fortzuschaffen!

Übergang zu einzelnen Sprüngen

Für Springanfänger (Reiter wie Pferd) ist es leichter, zunächst eine variationsreiche Reihe zu springen als einen einsamen Einzelsprung. Außerdem bekommt man in einer Gymnastikreihe eine größere Sicherheit für Distanzen und Kombinationen im späteren Parcours. Um dem lernenden Reiter oder jungen Pferd das Taxieren von Einzelsprüngen zu erleichtern, sollte man zunächst immer eine so genannte Taktstange im Abstand von 3,50 Metern vor den Sprung legen. Das kann eine Hindernisstange oder ein tiefgestelltes Cavalletti sein. Ein Pferd kann nur am Ende eines Galoppsprunges, für den es 3,00 bis 3,50 Meter braucht, zum Absprung kommen. Für den ungeübten Reiter ist es ziemlich schwer, aus einiger Entfernung zu beurteilen, wie viele Galoppsprünge bis zum nächsten Hindernis auf die Strecke passen. Liegt eine Taktstange davor, gelingt es viel leichter. Auf diese Weise wird das Auge geübt, das heißt, der Reiter lernt abzuschätzen, ob er sein Pferd energisch zureiten oder eher versammelt an den Sprung bringen muss. Das ist eine reine Übungssache!

Bei Einzelsprüngen besteht eine größere Gefahr, dass das Pferd schwankend auf das Hindernis zugaloppiert oder schief kommt und den Sprung nicht in der Mitte nimmt. Der Reiter muss dann sein Pferd besonders sicher zwischen den Schenkeln und Zügeln einschließen. Hilfreich zur Korrektur sind zwei Stangen, die wie Fänge im rechten Winkel zum Hindernis mit einem Ende auf die Hindernisstange und mit dem anderen auf den Boden gelegt werden. Später kann man auch je eine Stange ebenfalls im 90-Grad-Winkel vor und hinter den Sprung auf den Boden legen, sodass sie das Pferd einseitig begrenzen. Die Stangen sollten aber in einiger Entfernung zum Sprung liegen, damit das Pferd nicht darauf springen kann.

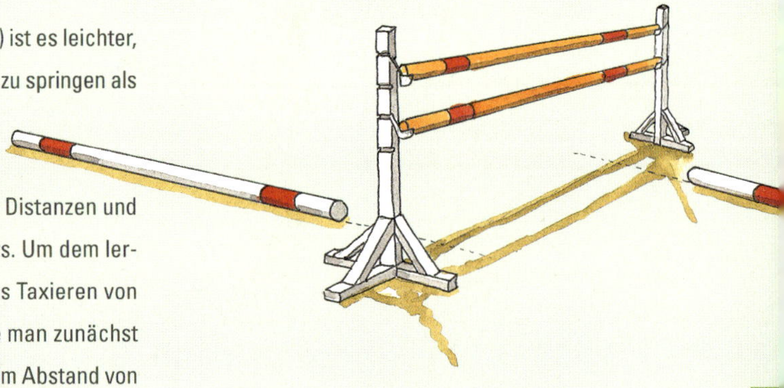

Zwei Stangen auf diese Weise auf den Boden gelegt, erziehen Pferd und Reiter dazu, den Sprung gerade anzureiten und geradeaus weiterzureiten.

Hinweis

Es hat keinen Sinn, einzelne Hindernisse möglichst hoch zu üben!

Wichtig ist, dass das Pferd ruhig und ausgeglichen rhythmisch vor und nach den Sprüngen weitergaloppiert. Die Höhe spielt dann keine große Rolle mehr

Einfache Fänge verhindern, dass das Pferd vor dem Sprung seitlich ausbricht.

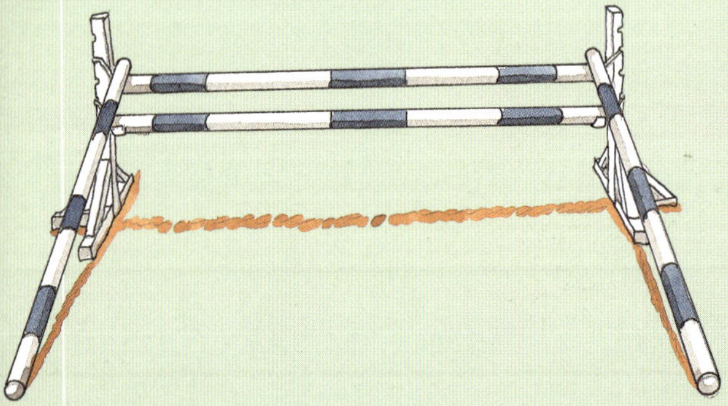

Was muss man wissen, um einen kleinen Parcours zu reiten?

Jetzt ist es Zeit, einen kleinen Parcours der Klasse E zu üben und in gutem Stil zu bewältigen. Dazu gibt es Regeln, die auf Turnieren verbindlich sind. Zum einen sind es natürlich der korrekte leichte Sitz und die Hilfengebung, die richtig und einfühlsam sein muss. Zum anderen ist es von Ausschlag gebender Wichtigkeit, den Parcours abzugehen und genau abzuschreiten, in welchen Abständen die Hindernisse zueinander stehen. Man bekommt immer Zeit dazu, bevor das Springen beginnt. Man sollte diese Zeit unbedingt dazu nutzen, den Parcours so abzugehen, als ob man ihn bereits ritte. Die Hauptfrage ist: Wie komme ich mit der vorgeschriebenen Anzahl der Galoppsprünge geradezu auf die Mitte des nächsten Hindernisses? Wo ist ein Handwechsel (Galoppwechsel) erforderlich? Wo ist die Startlinie und wo ist die Ziellinie? Am Eingang hängt immer eine Parcoursskizze aus. Man sollte sie sich vorher genau ansehen! Steht man zwischen den Hindernissen, wirkt alles doch ganz anders. Wenn man erst mit seinem Pferd eingeritten ist, ist es gut, wenn man ganz ruhig sein kann, weil man gut Bescheid weiß.

Was ist eine Distanz und was eine Kombination?

Eine Distanz bilden zwei Hindernisse mit einer vorgeschriebenen Anzahl von Galoppsprüngen dazwischen. Bei längeren Distanzen liegen fünf bis sechs Galoppsprünge zwischen den einzelnen Hindernissen, bei kürzeren nur drei bis vier. Hier muss der Reiter entweder energisch mit langen Galoppsprüngen zureiten oder er muss sein Pferd aufnehmen, damit es kürzer galoppiert. Die Hindernisse gelten als Einzelhindernisse.

Beim Abschreiten des Parcours muss man ganz konzentriert überlegen, wie man ihn später reiten will.

Hinweis

In Distanzen muss die geforderte Anzahl von Sprüngen eingehalten werden!

Wenn es zu einer Verweigerung kommt, muss also nur das jeweilige Hindernis einzeln erneut angeritten werden.

Eine Kombination ist nur ein Hindernis! Es besteht aus zwei oder drei Sprüngen, die verschieden gebaut sein können (zum Beispiel Kreuz – Rick – Oxer). Man unterscheidet zwischen einer offenen, einer geschlossenen und einer teils offenen, teils geschlossenen Kombination. Die einzelnen Sprünge tragen Hindernis-Nummern mit dem Zusatz a, b oder c (zum Beispiel Hindernis Nr. 6 a, 6 b oder 6 c). Eine In-and-out-Kombination hat einen Abstand von nur 3,50 Metern. Sie wird grundsätzlich aus dem Trab angeritten. Beide Sprünge werden unmittelbar nacheinander überwunden. Das Pferd wechselt nur das vordere gegen das hintere Beinpaar und kommt dadurch ganz von selbst in den Galopp. In einer Kombination, die im Galopp geritten werden soll, darf der Abstand zwischen den Hindernissen 6,50 Meter (das ist ein Galoppsprung) nicht unterschreiten und höchstens 12,00 Meter betragen. Da der Parcours in den Klassen A und L in der Regel passend aufgebaut wird, ist der Abstand höchstens 10,00 bis 10,20 Meter für zwei Galoppsprünge. Der Reiter muss also – je nach der Galoppade seines Pferdes – in der Lage sein, ganz schnell die Galoppsprünge zu verlängern oder zu verkürzen. Sollte ein Pferd in einer offenen Kombination verweigern (der Reiter ist nicht genügend zugeritten!), so muss die gesamte Sprungfolge der Kombination neu angeritten werden.

Bei einer geschlossenen Kombination wird es sehr viel schwieriger. Da kann man nämlich zwischen den Sprüngen nicht aus der Kombination hinausreiten, weil eine Hecke, ein Wall oder ein Zaun überwunden werden müssten. Es hilft nicht: mit nur einem oder zwei Galoppsprüngen muss der verweigerte Sprung überwunden werden. Die berühmteste geschlossene Kombination ist „Pulvermanns Grab" auf dem Derbyplatz in Hamburg.

Bei einer teils offenen, teils geschlossenen Kombination (die Richter müssen sie in der Parcoursskizze am Einritt als solche ausweisen!) ist die seitliche Begrenzung nicht durchgehend: Zwischen den Sprüngen eins und zwei oder zwei und drei gibt es die Möglichkeit, seitlich hinauszureiten. Bei einer Verweigerung muss man sich im geschlossenen Teil wie in einer geschlossenen Kombination verhalten (es bleibt auch gar nichts anderes übrig). Falls es im offenen Teil passiert, muss die ganze Kombination erneut angeritten werden.

„Pulvermanns Grab"

Welche Hindernisse gibt es?

Man unterscheidet vier Arten von Hindernissen:

1. Hochsprünge (Steilsprünge) wie Rick, Mauer, Gatter

2. Hoch-Weit-Sprünge wie Oxer, Triple-Barre, überbaute Gräben und anderes mehr

Rick

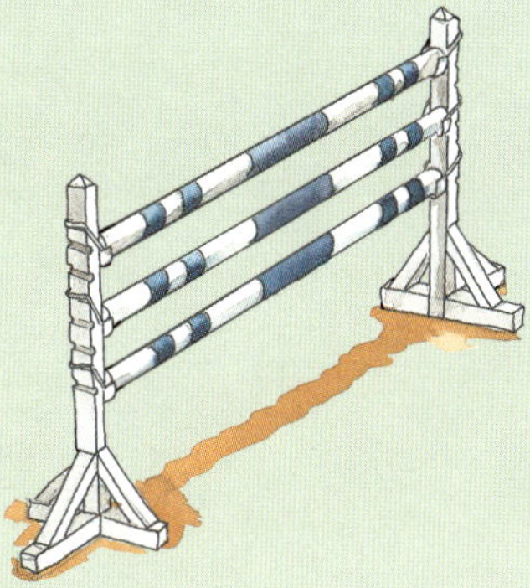

Überbauter Wassergraben

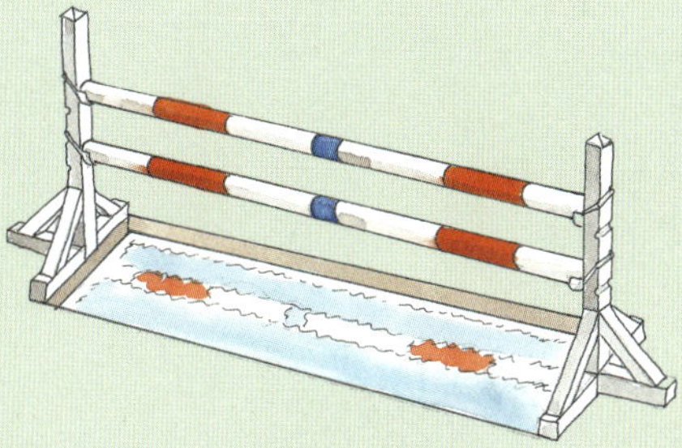

Kreuz

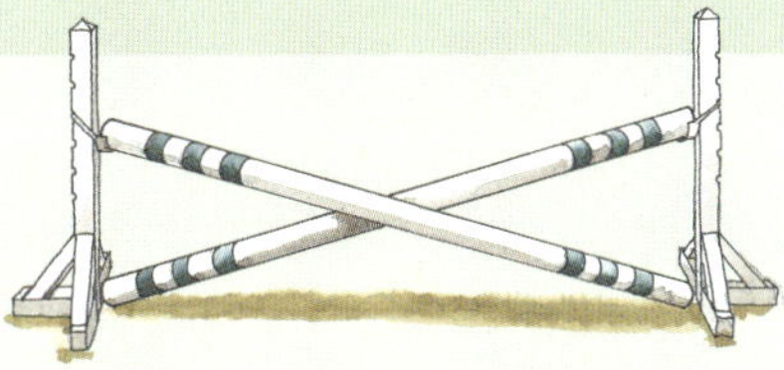

Triple-Barre

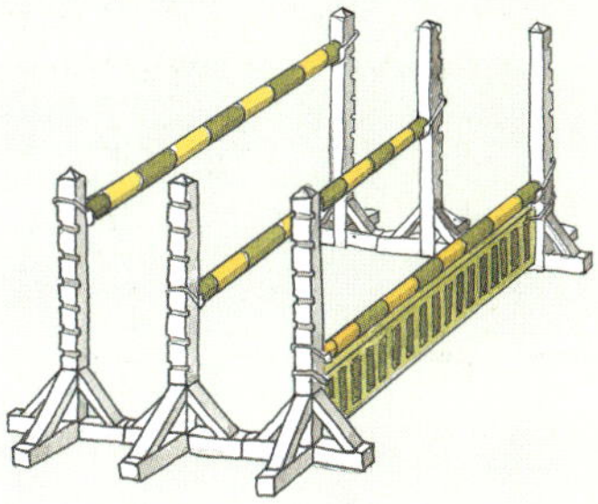

Mauer

Oxer

Überbauter Schweinestall

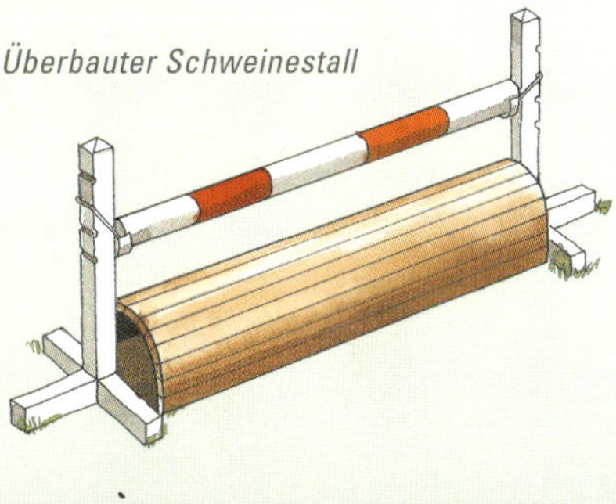

Wassergraben

3. Auf- und Absprünge wie zum Beispiel Billard, Wall und Ähnliches
4. Weitsprünge nur als Wassergraben, bei dem sich weder vor noch in der Mitte oder hinter der Wasserfläche ein Hindernisteil befinden darf. Eine kleine, höchstens 50 Zentimeter hohe Hürde an der Absprungseite ist erlaubt.

Was bedeuten die Flaggen?

Jedes Hindernis ist seitlich durch eine rote und eine weiße Flagge begrenzt. Auch Start- und Ziellinie sind in ihrer Breite durch Flaggen gekennzeichnet. Sie sind so angebracht, dass der Reiter immer die rote Flagge rechts und die weiße Flagge links haben muss, wenn er das Hindernis oder die Start-Ziellinie passiert. Zwei gekreuzte Flaggen besagen: dieses Hindernis gehört nicht zum Parcours.

Wann ertönt die Glocke?

Die Glocke (oder ein Klingelzeichen) ertönt, wenn der Start freigegeben wird. Sie muss unbedingt abgewartet werden. Wer vorher über die Startlinie reitet, wird ausgeschlossen! Ertönt das Zeichen während des Rittes, heißt es: anhalten. Ist bei einer Verweigerung oder bei einem Sturz das Hindernis umgerissen worden, ertönt ebenfalls die Glocke. Wenn alles wieder in Ordnung gebracht wurde, ebenfalls. Das muss abgewartet werden; die Zeit zwischen den Signalen wird nicht gemessen. Ertönt das Signal ein paar Mal kurz hintereinander, bedeutet es, dass der Reiter „rausgeklingelt" wird. Dann ist bei dem Ritt irgendetwas grundlegend falsch gewesen: Entweder kam es zu einem dreimaligen Ungehorsam oder es wurde ein falscher Parcours eingeschlagen, ein Hindernis ausgelassen oder man hat über 60 Sekunden benötigt, die Startlinie zu passieren. Auch eine Widersetzlichkeit des Pferdes, die länger als 60 Sekunden andauert, führt zum Abläuten.

Wie verhält sich der Reiter im Parcours?

Auf dem Abreiteplatz wird das Pferd sorgsam abgeritten, aber nicht müde gemacht. Dabei werden drei bis vier Probesprünge absolviert, nicht mehr!

So sieht ein formvollendeter Gruß aus!

Hinweis

Was ein Pferd oder ein Reiter bis zum Turnier nicht kann, lernt er auf dem Abreiteplatz auch nicht mehr!

Dann reitet der Reiter im frischen Arbeitstrab oder Galopp in den Parcours, hält vor den Richtern mit einer korrekten Parade und grüßt formvollendet. Das Pferd ist dabei den Richtern zugewandt. Der Gruß ist der erste Eindruck, den ein Reiter bei den Richtern hinterlässt. Er ist bei Stilspringen (Springen der Klasse E sind immer Stilspringen) von großer Wichtigkeit. Eben mal so im zackelnden Schritt über die Schulter hinweg zu grüßen macht einen sehr schlechten Eindruck! Mit dem Gruß grüßt man die Richter nicht nur, die man ja ohnehin schon einige Mal am Tag gesehen hat, sondern man unterwirft sich damit ihrem Urteil und den Bestimmungen.

Der erste Parcours (Klasse E)

Der erste Parcours sollte auf alle Fälle ein Standardparcours sein. Diese Parcours sind im FN-Aufgabenheft zu finden. Für Turniere sind sie mit der Nummer ausgeschrieben, unter der sie im Heft zu finden sind. Sie werden unverändert übernommen, sodass man sie zu Hause üben kann und auch sollte. Diese Parcours haben eine vorgeschriebene Trabstrecke, eine Distanz mit einer vorgeschriebenen Anzahl von Galoppsprüngen und manchmal eine Kombination. Die sechs bis sieben (in der Halle) und sieben bis acht (im Freien) Hindernisse sind 0,80 bis 1,00 Meter hoch und die Oxer dürfen nicht weiter als 1,30 Meter sein.

Nachdem der Reiter eingeritten ist und formvollendet gegrüßt hat, wartet er das Klingelzeichen ab, das den Start freigibt. Das Klingelzeichen muss unbedingt abgewartet werden, sonst wird man hinausgeschickt, bevor man einen einzigen Sprung machen konnte! Also bitte nicht vor lauter Aufregung gleich losstürmen! Nach dem Klingelzeichen wird über Schritt und Trab (in unserem Beispiel) angeritten. Die meisten Parcours beginnen im Galopp, deshalb wird so rechtzeitig in den Galopp übergegangen, dass die Startlinie im Galopp passiert wird. Natürlich wählt man den Handgalopp, auf dessen Linie das erste Hindernis steht.

In unserem Beispiel beginnt der Parcours im Trab: leichttraben. Das erste Hindernis ist ein kleines Kreuz (80 Zentimeter hoch) mit einer Taktstange, die zirka 2,50 Meter vor dem Hindernis liegt. Im leichten Sitz wird beides gerade und in der Mitte angeritten (Hindernis anschauen, nicht

Noch während das Pferd über das Hindernis fliegt, schaut die Reiterin bereits zum nächsten Sprung.

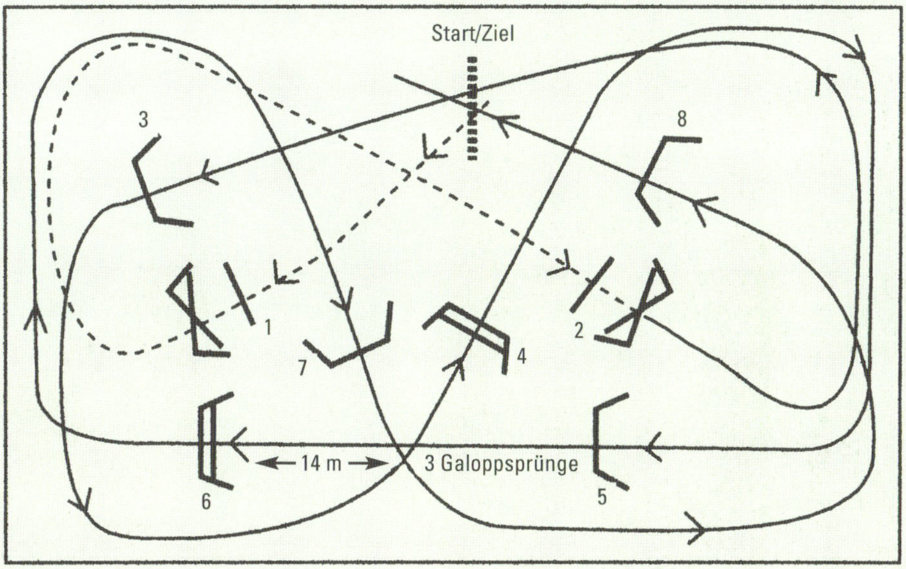

So könnte ein kleiner Parcours für ein Stilspringen der Klasse E aussehen. Auf der gestrichelten Linie wird Trab geritten.

darüber hinwegsehen!) und überwunden. Danach weiter geradeaus leicht traben und anschließend in einer großen Rechtswendung zu Hindernis Nr. 2. Das ist ebenfalls ein Kreuz mit Taktstange. Danach geht es im Galopp (Entlastungssitz!) weiter. Wieder wird ein Stück geradeaus geritten, dann in einer großen Linkswendung die lange Seite entlang zu Sprung 3. Sollte das Pferd nach dem zweiten Sprung im Rechtsgalopp gelandet sein, wird es ruhig und korrekt kurz in den Trab zurückgeführt und links erneut angaloppiert. Diese Parade muss richtig ausgeführt werden (ohne Ziehen und Zerren!) und das Pferd muss die Parade durchlässig annehmen. Mitte der langen Seite wendet man vom Hufschlag ab und reitet Sprung 3 schön in der Mitte an. Aufgepasst: Das ist ein Einzelsprung ohne Taktstange! Danach geradeaus und im weiten Bogen geht es im Linksgalopp weiter bis zur Mitte der langen Seite. Bitte jetzt schon das Hindernis ansehen! Ein bis zwei Pferdelängen vor dem HB-Punkt abwenden und senkrecht auf Sprung 4, einen kleinen Oxer, zu. Danach möglichst im Rechtsgalopp landen (andernfalls wieder über Trab wechseln) und in einer großen Rechtswendung auf die Sprünge 5 und 6 (einen kleinen Steilsprung und einen Oxer) zureiten. Sie stehen auf einer Linie in 14 Meter Abstand. Das entspricht drei Galoppsprüngen, die vorgeschrieben sind! Hierbei kommt es darauf an, die Galoppsprünge bei Pferden mit großer Galop-

Die Reiterin sitzt bei größter Entlastung des Pferderückens vollkommen im Gleichgewicht über ihrem Fundament und dem Schwerpunkt ihres Pferdes. Sie lässt dabei den Pferdehals frei, ohne die Anlehnung zu verlieren. So sieht ein guter Springstil aus!

pade zu verkürzen oder bei solchen mit kürzerem Galoppsprung länger zu machen. Ganz wichtig ist, dass man passend an den ersten Sprung der Distanz herankommt. Gerät der erste Sprung zu kurz oder zu lang, ist es kaum mehr möglich, passend zum zweiten Sprung zu kommen: Ein Hindernisfehler ist unvermeidlich! Vor und in einer Distanz muss der Reiter sein Pferd so regulieren, dass das Pferd den richtigen Absprung finden kann. Das heißt, dass er in einer Distanz zwischen den Sprüngen aktiv reiten muss. Das gilt zwar für jedes Hindernis, aber ganz besonders vor und innerhalb einer Distanz oder einer Kombination. Nach Sprung 6 weiter geradeaus im Rechtsgalopp gleichmäßig und rhythmisch, (was nach einer Distanz oder Kombination nicht ganz einfach ist) im Bogen um Sprung 3 herum zu Sprung 7 (wieder ein Steilsprung ohne Taktstange). Danach im Linksgalopp weiter (nötigenfalls über Trab wechseln) geradeaus zum Hufschlag, tief in die Ecke hinein und im Bogen auf Sprung 8 zureiten und danach rhythmisch durch die Ziellinie galoppieren. Es muss zwischen den Flaggen hindurch geritten werden, sonst gilt die Ziellinie als nicht passiert, was zum Ausschluss führt! Also bitte nicht gleich nach dem letzten Sprung vor lauter Erleichterung ohne Konzentration weiterreiten!

Was wird in einem Stilspringen der Klasse E bewertet?

Auf den korrekten, geschmeidigen Entlastungssitz wird der größte Wert gelegt. Die Einwirkung des Reiters ist ebenso wichtig. Während des ganzen Parcours sollte ein gleichmäßiges Grundtempo geritten worden sein. Das Pferd sollte bei rhythmischem Galoppieren stets die richtige Absprungdistanz gefunden haben. Hat der Reiter in der Distanz die vorgeschriebene Anzahl von Sprüngen eingehalten? Das Verlängern oder Verkürzen der Galoppsprünge und die Übergänge zum Trab sollten weich und durchlässig sein. In den Wendungen muss das Pferd deutlich am äußeren Zügel und verwahrenden äußeren Schenkel stehen. Es macht einen sehr guten Eindruck, wenn man in einer Wendung im Handgalopp einmal weich mit dem inneren Zügel überstreicht! Die Hindernisse müssen alle senkrecht angeritten worden sein und nach dem Sprung sollte es flüssig und harmonisch weitergehen. Aus der Summe der Eindrücke ergibt sich die Stilnote für ein Stilspringen, die so genannte Grundnote.

Fällt eine Stange (Hindernisfehler) werden 0,5 Punkte für jeden Abwurf von der Grundnote abgezogen. Kommt es zu einer Verweigerung, werden beim ersten Mal 0,5 und beim zweiten Mal 1,0 Strafpunkte abgezogen. Wenn es zweimal am selben Hindernis passiert, werden 2,0 Punkte abgezogen. Beim dritten Mal kommt es leider zum Ausschluss! Stürzt der Reiter oder das Pferd, werden 2,0 Punkte abgezogen, und wenn beide stürzen, werden Reiter und Pferd ausgeschlossen. Das ist aus gesundheitlichen Gründen für beide sinnvoll! Diese Regelung gilt für alle Springprüfungen, die das Ermessen der Richter zur Grundlage haben, die also nicht nach Fehlern und Zeit gemessen werden.

Es wird eine Zeit angegeben, in der der Parcours bewältigt werden muss. Das ist die „erlaubte Zeit“ (in der Ausschreibung mit „EZ“ angegeben). Wenn diese Zeitangabe überschritten wird, bekommt man dafür je angefangene Sekunde 0,1 Punkte abgezogen. Davor braucht man aber keine Angst zu haben, denn der Parcours ist in der erlaubten Zeit meistens gut zu schaffen.

Reiterin und Pferd sind nach richtig angewandter Stangenarbeit locker und gelöst: Es hat Spaß gemacht!

Zusammenfassung

Stangenarbeit ist eine unverzichtbare Disziplin nicht nur für junge, sondern für alle Pferde, gleichgültig, ob sie Spezialisten sind oder nicht! Sie gymnastiziert alle Muskeln, besonders die im Rückenbereich. Sie macht die Pferde aufmerksam und frisch. Sie ist eine willkommene Abwechslung für Reiter und Pferd. Der Reiter schult seine Balance und sein Gefühl für die Bewegung seines Pferdes. Er lernt mehr noch als beim dressurmäßigen Reiten die Leistungsfähigkeit seines Pferdes richtig einzuschätzen. Stangenarbeit verlangt Verantwortungsbewusstsein für die eigene und die Sicherheit seines Pferdes.